JN439723

고양이를 입어야 한다

김준연 시집

시인동네 시인선 121

김준연 시집

고양이를 입어야 한다

시인동네

시인의 말

아홉 장의 새들이 날아올랐다.

나는, 손가락을 셀 수 있었다.

2020년 1월

김준연

차례

시인의 말

제1부

끝을 읽으면 · 13
검은 거울 속의 기도 · 14
풍경과의 첫 대면 · 16
축제 · 18
사다리 · 20
입술 · 22
질문 · 24
사과 · 26
샌드백 · 28
앵무새 · 30
저격 · 32
엇박자 · 34
얼굴을 모으고 · 36
돌멩이 · 38
아홉 장의 그림을 그렸다 · 40

제2부

지뢰 · 43

처음처럼 · 44

의자에 살해당하지 않기 위해 · 46

유통기한 · 48

트라우마 · 50

중독 · 52

노래 · 54

검은 벽 · 56

택배 · 58

기억의 윤곽 · 60

실수 · 62

검은 길 · 64

조각 · 66

알고 있었다 · 68

제3부

외출을 꿈꾼다 · 71

창 · 72

농담 · 74

일요일 · 76

하얀 새 · 78

초승달 · 79

이유 없이 · 80

어디까지 · 82

검은 하루 · 84

병뚜껑을 닫는다 · 85

사진 · 86

유언 · 88

허기가 지면 토끼를 묻고 게으름의 배를 채우지 · 90

탱고 · 92

제4부

바다 · 95

복숭아 · 96

공황장애 · 98

주머니 · 100

마지막 달빛 · 102

그리고 · 104

벽 · 106

기억상실증 · 108

끝내기 전에 · 110

누군가 · 112

세 개의 회의 · 114

사막 · 116

반복하자면 · 118

달의 노래 · 120

해설 비유의 비유 · 121
오민석(문학평론가·단국대 교수)

제1부

끝을 읽으면

내게 말해도 소용없다 했는데
벽에게 전하라 수없이 일렀는데
네가 입을 열지 않아도
나는 고개를 끄덕인다
벽에게 이미 들었으므로

어떤 소리도 벽은 놓지 않는다
어떤 소리도 벽을 통과하지 못한다
벽이 찢어놓은 소리는 재생되지 않는다

벽은 끝에서 출발하고 출발에서 끝난다
벽의 끝을 읽으면
벽은 쉽게 이해되는 것이다

무언가 말하기 위해
벽에게 기어가고 있다
너는 잘하고 있는 것이다

검은 거울 속의 기도

왼손에 구름
오른손에 열차

왼손에 당나귀
오른손에 피아노

다시, 왼손에 고양이
오른손에 역사

다시, 왼손에 코뿔소
오른손에 유폐된 달빛

왼손에 언덕
오른손에 침묵

왼손에 오후 세 시의 바람
오른손에 찢어진 편지, 다시

>

왼손에 목요일
오른손에 망명

왼손에 산책
오른손에 혓바닥, 다시

왼손에 장마
오른손에 메아리, 다시

다시,

풍경과의 첫 대면

공간은 풍경의 길목을 차단한다
풍경은 넘어지고 흩어지고 휘발된다

나무는 나무에서 벗어난다
모자는 모자에서 벗어난다
고양이는 고양이에서 벗어난다
길은 길에서 벗어난다

벗어난 역은 무작위로 폐쇄된다
멈추지 않는 순환 열차에서
언제 내릴지 결정해야 한다

씹히고
내뱉어진 풍경

풍경 이전의 풍경은 없고
풍경 이후의 풍경은 존재하지 않는다

내릴 역을 포착하는 유일한 통로는
창밖 풍경에 있다

풍경을 깨고
표정을 정확히 읽어야 한다
풍경을 멈추고 풍경에서 내리려면

풍경에서 내려
풍경과 대면하려면

축제

냉소적인 사과
하나이고 싶은 오직 하나의 사과
쟁반에서 빛나는 사과

냉소적인 칼
오직 홀로 날을 딛고 선 하나의 칼
쟁반에서 빛나는 칼

빠르게 사과는
쟁반 위로 펼쳐진다
쟁반 위 피어나는 사과

사과를 피우고
칼은 침묵한다

냉소와 냉소의 만남
숨과 숨 사이의 만남
불꽃이거나 불꽃을 머금은

음악은 멈추고 함성만 떠 있는

사과가 칼을 삼켰다면
칼날을 허락했다면
마지막 무대였다면

쟁반 위 홀로 빛나는 칼

머지않아
자신을 향한 자신을 마주할 것이다

사다리

사다리를
아파하지 말자

사다리는 늘 올라가고 있어서
사다리는 늘 내려가고 있어서

사다리를
아파하지 말자

사다리는 올라갈 줄만 알아서
사다리는 내려갈 줄만 알아서

발길은 너무 오래서
발길은 자주 끊겨서

오직 자신에게 기대는 사다리
오직 어깨가 솟아오른 사다리

>

허공은 허공을 반복해서
허공은 허공을 생략해서

사다리를
아파하지 말자

사다리는 올라간 기억밖에 없어서
사다리는 내려간 기억밖에 없어서

입술

배나무 아래 그늘이 모여든다
앵두나무가 누웠던 발목의 자리
대답도 없이 까마귀의 눈썹이 돋는

떠난 날이 추락이라면
관을 새로 배열해야 한다
버린 날들이 생일이라면
음표의 높낮이를 바꿔야 한다

문득 입술이 눈썹을 흉내 낸다면
나는 조용해진다
문득 배나무 아래 바람이 열린다면
나는 떠돈다

앵두나무 관에 누워
박쥐의 귀를 셀 수 있다
소리는 배나무를 배반하고
귀를 다시 먹는다

붙들린 그늘이 시끄럽다
함부로 촛불을 켠다
앵두 씨를 얼굴에 내뱉는다

막다른 하늘에 꽂힌 나무
버릇없이 계획한 죽음의 높이

입술은 앵두나무를 키울 것이다
하늘을 끝내 삼킬 것이다

질문

열매를 지키기 위해
나무를 베었다

볕이 들어오지 않기로 결정한 곳
조용해지기로 독을 품은 곳
그곳에 눈을 가린 열매들이 있었다

나무는 순순히 이야기를 내주었다
질문이 없었기에
준비한 이빨을 던져놓았다

숲에 불이 많아졌다
늑대들과 같이 있는지 모른다
낯선 이빨과 담판을 짓고 있는지 모른다

나무를 지키기 위해
무엇을 벤 적은 없다

나무 밖에 있는 열매
나무 안에 있는 열매

나무 밖에서 어두워지는 질문
나무 안에서 어두워지는 질문

이 결말이 나라면
눈을 감는다

사과

내가 어떻게 사과가 되겠어요

바람은 머리를 기르고
구름은 하늘에 새들을 물어다 놓고
석양은 자꾸 발을 간질이고

내가 어떻게 사과가 되겠어요

생일이 다가와요
펑크 난 자전거는 고물상에 줬어요
쉬지 않고 동생은 휘파람을 불어요
수혈 받을 피는 이미 동났어요

내가 어떻게 사과가 되겠어요

침묵이 흔들리는 소리를 들어요
비염은 나날이 심해져요
온도계의 수은주가 멈췄어요

바다라면 이제 신물이 나요

어떻게 내가 사과가 되겠어요

샌드백

샌드백은 정확히 열 개이고
다섯 개가 더 있다

네 그래요
샌드백이 열다섯 개네요

샌드백은 정확히 열 개이고
다섯 개가 더 있다

그러니
모두 열다섯 개예요
정확해요

샌드백은 열 개이고
다섯 개의 샌드백이 더 있다

같은 얘기예요
합이 열다섯이잖아요

>

마지막으로 말하겠다

열 개의 샌드백이 여기 있고
다섯 개의 샌드백이 여기 있다

예감이 안 좋았다
열 개의 샌드백과
다섯 개의 샌드백은

즉시 회수된다

앵무새

앵무새는 화를 낸다
혀 꼬인 말을 나는 따라하지 않았다
꼬인 당신 삶에 개입할 생각 없다

앵무새를 옮긴다

별은 별을 센다……
별들은 동시에 구속된다……
딱정벌레는 무게가 없다……
밥알은 2500개다 아니 2100개다……

쉼 없이 같은 말을 되풀이한다
앵무새를 옮긴다

내 그림자를 밟지 마라
나무는 잎들을 회수할 것이다
길들은 자신을 모두 지울 것이다

>

앵무새 새장을 연다
2500개 혹은 2100개의 문을 연다

이제 헤어져야 할 때가 됐다
앵무새와 나는 동시에 말한다

저격

무릎을 굻어라 바람 앞에
떳떳한 자 있는가
용서는 구해지지 않는다

바람의 함성이 찢어진 길을 찾아라
태풍의 눈으로 고요한
분노의 심장을 가로질러라

머리를 조아려라
총구는 애초 존재하지 않는
적을 향해 겨누는 것이다

바람은 용서라는 단어를 모른다
공포의 불꽃놀이는 외면하라
진짜는 위장술을 쓰지 않는다
뒤통수에 총구를 겨누지 않는다

폭죽 잔치가 끝나고

순간,
바람은 멈출 것이다
조준은 끝났다

천천히
총구를 입에 물어라

표적만이 유일한
표적이다

엇박자

모두 같은 높이에서 쳐다보는 뻔뻔함
모두 같은 깊이에서 터지는 눈물

제멋대로 지껄이는 길을 따라가다
제멋대로 훔쳐보고 자폭하는 것들
이들 앞에서 번번이 무력해진다

앞을 막아서다 꼬리를 접는 개
다시 앞을 막다 옆길로 새는 나무들

그들에게 패배했어야 한다
항복하고 끌려갔어야 한다
그들의 아가리에
아가리를 들이밀었어야 한다

결국 나는 나를 만난다
내가 틀은 음악에서
내가 펼친 무대에서

모르는 손뼉들의 함성 속에서

최대한 어색하게
최대한 엇박자로
최대한 몸을 흔들고 흔든다

얼굴을 모으고

오래전 끝난 이야기다

숨겨놓은 게 더 많은 빙산

형식의 영역으로 이끄는 악어의 눈
형식의 영역에서 피어나는 악취
형식의 형식으로 빛나는 번개

부드러운 돌을 뒤로하고
딱딱한 돌을 찾는 위안
정원에서 쫓겨나 부르는 노래

거미의 작업장이 멀지 않다
발견되지 않은 문들이 멀지 않다
밤이 빼돌린 악몽들이 빼곡한
이따금 동시에 콧소리들이 깨어나는

얼굴을 모으고 잠들지

뼈들이 찾아들 자리를 찾지
거미가 숨통을 드나들지

빛바랜 영역에 들어선다
다른 악어 눈빛의 영역에서
목소리가 벗어난 음의 영역에서

언제 적 이야기가
다시 돌아간다

거미는 숨겨놓은 거미줄이 많다

돌멩이

발이 찾아왔다
두더지를 따라
두더지 발로 숨었는데

해석이 오류라면 발길을 돌려야 한다
잊힌 것들은 경이롭다
그냥 떠난 것들은 위대하다

상처를 남기지 않는 소음
유령을 꺼내지 않는 어둠
반드시 자신을 닫고 떠나는 문

두더지는 떠났다
아무런 색깔도 없었다
모든 방향이 가벼웠다
벌거숭이로 눈부셨다

야만은 텅텅 빈다

등불이 이야기가 되고
이야기가 돌이 된다

발이 찾아왔다
발이 밤에 찾아왔다
발이 혼자 찾아왔다

두더지 발과
마주앉았다

오랜 후

돌멩이를 들고 일어났다

아홉 장의 그림을 그렸다

첫째 날, 서랍을 그리고 서랍 속에 꽃씨를 뿌렸다 정오가 지나자 향기가 방 안 가득했다

둘째 날, 나무를 그리고 가지마다 새를 매달았다 노래를 들으러 하나 둘 찾아오던 바람이 오후에는 가지를 모두 부러뜨려 놓았다

셋째 날, 고양이를 그리고 방울을 달지 않았다 쥐들이 처참하게 죽어 나갔다

넷째 날, 밥그릇을 그리고 숟가락을 그리지 않았다 식구들이 종일 나만 쳐다보고 있었다

다섯째 날, 풍선을 들고 있는 아이를 그렸더니 뉴스가 종일 실종 사건만 읊었다

여섯째 날, 캄캄해서 검정색만 처바르고 있었다

일곱째 날, 쌍권총의 서부 사나이를 그렸다가 밤새도록 쫓아와 한숨도 못 잤다

여덟째 날, 거울을 그렸더니 거울 속 남자가 자꾸 술을 먹자고 귀찮게 해 지워버렸다

아홉째 날, 여덟 장의 그림을 앞에 놓고 울고 있는 나를 그렸다

제2부

지뢰

너는 기다렸다
오래

나는 기다렸다
오래

더 이상
피하지 않을 것이다

오늘

우리는
서로를
밟을 것이다

처음처럼

처음처럼 숨 쉬고 싶어요
숨이 자주 끊겨요
누군가 문을 닫아요
처음의 공기를 차단해요
처음처럼 걸어요
흐르는 길에 처음으로 몸을 맡겨요
집에 도착한 후 몸을 맡겨요
나는 처음부터 처음이에요
물 좀 부탁해요
처음을 마시고 처음을 회복해요
처음 책을 선물 받았어요
처음 보는 글자들이 반갑게 맞아줬어요
처음 보는 글을 읽을 수 있었어요
거울이 데려온 사람을 처음 만났어요
다짜고짜 나를 덮쳤어요
단숨에 거울을 박살냈어요
화를 내본 건 처음이에요
그날 이후 자꾸 숨이 끊겨요

처음처럼 숨 쉬고 싶어요
숨이 자꾸 막혀요

의자에 살해당하지 않기 위해

의자는 기억을 파괴한다
견고한 역사는 의자의 시간을 살아내지 못한다
물렁해지고 흩어지고 증발한다

등 굽은 시각을 증오하라
믿음은 믿음을 견고하게 거부한다
시간을 배열하는 순간 모든 날들은 무너진다

눈을 감고 내리는 비는
의자에 투표할 수 없다
눈을 뜨고 내리는 비는
의자에 투표할 수 없다

의자는 던져진다
의자는 잠수한다
의자는 생략한다
더 큰 의자 속으로 언제나
거대한 허공으로 항상

>

의자와 눈을 마주치지 않고
의자에 앉는 방법을 연구해야 한다

의자로부터 멀어지지 않기 위해
의자에 살해당하지 않기 위해

유통기한

너와의 마주침은
항상 정면이다

뒷주머니 깊이 넣지만
정면으로 읽힌다

매일 새로
유통기한을 새겨 넣는 것이
첫째 일과다

너는 끝났다고,
나는 읽는다

너는 끝났다고,
너는 읽는다

폐기된 얼굴들이
폐기된 전단지를 밟고

서 있는 사거리

폐기 경고등을 무시하고
너와 나는
빠르게 스쳐지난다

오늘도
무사히 유통된다

트라우마

거북이와 경주 제안은 거절했다
최신 엔진을 연습했지만
거북이와는 쉽지 않다
나의 잠은 쉽게 깨어나지 않는다

죽어라 달리는데
죽어라 쫓아온다
잠과 잠의 이어달리기다

언제 적 일인데
아직도 악몽을 달리는가
죽음의 언덕은 나를 기억하는가

강에 던진 몸은
쉽게 떠오르지 않는다
강과의 기억이 모두 소진돼야 한다

이제 끝내야 한다

그도 지겨울 것이다
기억은 오래 같은 패를 쥐고 있었다

내일
경주 신청을
보낼 것이다

중독

앞만 보고 걸으면 앞의 것을 놓쳐요
뒤만 보고 걸으면 뒤의 것을 놓쳐요

중독이에요
용기와 알코올은 동의어에요
내일을 등지고 어제를 읽어요

앞은 퇴색돼요
뒤는 퇴색돼요

한 번도 멈춰 서지 않았기에
아무도 당신을 몰라요

문이 붉게 타고 달이 그 길을 지나요
세상의 모든 문이 하나가 돼요

문 안에선 노래를 들을 수 없어요
한 뭉치의 진흙이에요

>

모든 구름이 새들의 흩어짐을 꾸짖어요
모든 목소리가 자신의 노래를 꾸짖어요

앞은 진행하지 않아요
뒤는 진행하지 않아요

중독이에요
새로운 문은 태어나지 않아요

노래

숲이 바싹 다가선다
아무것도 기다리지 않는 숲
급히 방향을 튼 흔적
노래들이 멈춰 선 곳

혼자 오래 있으면
하늘은 웃음을 잊는다
동굴은 더 깊이 자신을 버린다
나무는 새들을 부르지 못한다

오늘을 따라왔다
입을 열지 않았다
내가 가는 곳을 항상 알고 싶지 않았다

유일한 두려움이었다
오늘이 살아 돌아오는 건

살아남을 수 있는 곳에서만

위험은 기다린다
발버둥 칠 때만
손은 자유로워진다

한꺼번에 몰아붙이고 싶었는지 모른다
통째 묻고 싶었는지 모른다

처음 편 손을
마지막 들은 노래를

검은 벽

벽이 되기로 결심한다
벽에 붙어 벽처럼 표정 짓는다
평평해지고 절도 있게 꺾이고
발가락을 닫고 기침을 닫는다
벽은 벽을 해치는 나를 거부한다
손들은 그냥 지나치지 않는다
찌르고 꼬집고 흔들어 확인한다
내 앞에서 벽은 늘 정체된다
벽은 한사코 밀어내지만
나는 다시 일어서 벽에 붙는다
언제부턴가 벽은 생략한다
나를 건너뛰고 다시 흐른다
비로소 숨을 쉴 수 있었다
누구도 벽에 관심을 두지 않았다
일정한 거리를 유지하며
나를 지나고 나를 돌아 나를 빠져나간다
아직 멀었다
나는 벽이 거부한 벽이다

벽을 숨 쉬어야 한다
벽의 뼈를 삼켜야 한다
벽이 나를 눈감고
나를 생략하지 않을 때까지
벽의 기억에서
벽으로 지워질 때까지

택배

문을 열자마자 그는 발견된다
항상 정확히 그곳에 서 있다

하지만 언제나
나는 너를 천천히 찾아낸다
다음날까지 너를 못 찾기도 한다
팽팽한 사라짐은 너를 즐긴다
부풀어 오르는 긴장은 너를 지지한다

단번에 알아봤을 때
실망한 너의 표정을 기억한다

골목을 돌아 다시 만나는 골목
자신을 피해 자신에게 돌진하는 골목

어색함의 숙성이 필요하다
자신의 모습에 당황하지 않기 위해
끈적함과 끊어짐의 사이

침묵과 깨어남의 바늘을 정확히 뽑아야 한다

너는 오늘도 쉽게 배달되지 않는다

긴장의 실타래를
동시에
풀거나 감는다

기억의 윤곽

기억은 인화되지 않는다

고요와 고요 사이
숨과 숨 사이
나무와 나무 사이
아무것과 아무것도 아닌 것 사이

고운 모래를 가려내듯
새들의 시체를 골라야 한다

중력은 불확실하다
3월과 4월은 생략되고
휘발성의 새들은 오래전에 떠났다

돌멩이의 끝은 어디인가
기억을 닫으면 빛은 끝난다
빛을 닫으면 고요는 이미 끝난다

>

눈물은 중력을 거부하고
텅 빈 발은 좀처럼
자신의 윤곽을 그리지 않는다

황급히 눈꺼풀을 닫지만
타버린 기억은 까맣다

실수

컵은 쉽게 동의한다
묻기도 전에
고개를 끄덕인다

너의 동의를 마시고
너를 내려놓기도 전에
너는 또다시 동의한다

너는 계단에 동의하고
계단의 꺾어짐에 동의하고
벽지에 핀 곰팡이에 동의하고
어항과 어항 속 물고기들에 동의한다

바닥에 동의하고
바닥의 기울어짐에 동의한다
문에 동의하고
문의 열림과 닫힘에 동의한다

>

너를 놓쳐
산산조각 난다
너는 동의한다
파편 하나하나 모두 동의한다

너를 놓친 건
실수가 아니었다

너는
역시 동의한다

검은 길

나는 걷고 있는데
길은 나아가지 않는다
나는 걷고 있는데
나무는 한 발짝도 나아가지 않는다
바람은 잠들었는데
나는 세차게 흔들린다

검은 마을을 찾고 있습니다
검은 강을 보신 적 있나요
누가 요즘 검은 옷을 입고 다닌단 말이오

입술이 검은 허공으로 닫혔다
길은 발을 기억하지 않는다
길은 길을 기억하지 않는다
자신의 심장에 팻말을 꽂지 않는다

길에게 길을 묻는 것은 어리석었다
질문을 멈춘다

질문은 또 다른 길을 만들 뿐이다

길에 서서 기다린다
어둠이 어둠에 잠겼을 때
길과 내가 구분되지 않을 때
길들은 여기저기 나를 보여준다

나는 사방에서 합류하고 있다

조각

그것을 몇 조각 챙긴다
앞으로 나아가지 못하고
뒤로 나아가지 못하고

벽은 한자리에서 외친다
기억을 잃은 것들에게로
자꾸 몸은 기울어진다

어제 들어온 사과들이
번호를 매겨 달라 우긴다면
익지 않은 함성을 토한다면
나는 사과가 됨이 옳다

벽은 멈춘다
앞으로 나아가지 않고
뒤로 나아가지 않고

책장의 위치를 옮기기 위해

의자의 방향을 틀기 위해
액자의 뒤집힘을 위해
시체의 기억을 깨워야 하는 건 아니다

사과 몇 조각을 주장하기 위해
구름까지 내려올 필요는 없다
주먹까지 드러낼 필요는 없다

날카로워진 것들로 벽을 통과할 수 없다
한자리를 뛰어서 넘을 수 없다

조각을 내놓겠다
기우는 달을 세우기 위해
오직 벽으로 벽을 채우기 위해

알고 있었다

새들은 알고 있었다 신발을 벗어야 하늘 깊숙이 몸을 던질 수 있다는 것을 숟가락은 알고 있었다 허기는 언제나 둥글다는 것을 비는 알고 있었다 자신을 기다리는 눈들을 눈물을 쏟아야 할 날과 날들을 책상은 알고 있었다 한두 개의 다리는 긴장을 풀어도 됨을 알고 있었다 7월 2일은 어제가 7월 1일이었다는 것을 7월 3일은 7월 3일일 뿐이라는 것을 바람은 알고 있었다 갈 길보다 온 길을 되짚음이 더 어려움을 바위는 알고 있었다 침묵이 일용할 유일한 양식임을 알고 있었다 신발에 자신을 맞춰야 함을 발은 알고 있었다 매일 밤 누군가 은밀히 죽음의 페이지를 넘김을 꿈은 알고 있었다 알고 있었다 삶은 농담의 바둑알을 놓을 곳을 찾아다니는 날들임을 나는 알고 있었다

제3부

외출을 꿈꾼다

녹슨 못들 옷장에 걸려 있다 녹슨 못에 고양이가 걸려 있고 녹슨 못에 신호등이 걸려 있다 우산이 가위가 혓바닥 내민 화장지가 허옇게 걸려 있다 주전자가 걸려 있고 뒤엉킨 길이 폭포가 망치가 빼곡히 걸려 있다

나는 외출을 꿈꾼다

고양이를 입기로 한다 목소리가 차가워 고양이를 벗는다 내일을 입는다 일기예보는 어제 떠내려갔어요 내일을 팽개치고 망치를 입는다 땅이 계속 꺼져요 길을 입는다 나는 떠났나요 주전자를 우산을 그림자를…… 녹슨 못을 입는다 움직일 때마다 팔이 다리가 하나씩 떨어져 내린다 의자를 밥통을 옷장을……

나를 벗어 녹슨 못에 걸고 옷장 문을 닫는다

창

어떻게 밖으로 나가는지
어떻게 자신의 몸으로 들어가는지
어떻게 깨끗해지는지

나비를 불러야 한다

어디서 만난 게 아니라면
언제 헤어진 게 아니라면

목에 선명한 이빨 자국은 무엇인지
손톱은 이렇게 다 뭉개졌는지
가득 날던 꽃잎은 어디로 갔는지
아침은 여전히 손을 움켜쥐고 깨어나는지

증언이 필요하다

어둠은 온전한가
이후에 맞닿은 오랜 길인가

상처의 기록은 넉넉한가

너와는 다른 혼자가 있어
너와는 다른 지금이 있어
너와는 다른 멈춘 호흡이 있어

여유도 없이 나는 멀어진다
변명도 없이 나는 갇힌다

언제 만난 게 아니라면
어디서 헤어진 게 아니라면

나비를 불러야 한다

농담

농담의 바둑판을 사이에 두고
우리는 팽팽해진다

너는 하얀 죽음
나는 까만 죽음

죽음은 언제나 유쾌하다
까만 죽음을 골라내며
하얀 죽음을 골라내며
우리는 스스로 웃는다

너는 하얀 농담으로
하얀 죽음의 집을 짓고
나는 까만 농담으로
까만 죽음의 집을 짓고

죽음을 물려달라니
너는 단호히 거절한다

나는 단호히 거절한다

나는 어제도 죽었다
나는 오늘도 죽었다

항상
나는

농담인 것이다

일요일

물고기 성을 보내요
물고기들이 쌓고 물고기들이 사는
일요일에 도착할 거예요

물고기 눈을 세어봐요
백 년은 금방 지날 거예요

물고기 눈으로 들어가요
물고기의 시간이 필요해요
흘러가는 모두의 발을 보아요
흘러오는 모두의 입을 보아요

백 년은 쉽게 지낼 거예요
귀에서 독을 빼내요
혀에서 독을 빼내요
혼자의 가슴에서 독을 빼내요

여기에 속하지 않아요

저기에 속하지 않아요
처음에 속하지 않아요
마지막에 속하지 않아요

백 년은 아주 쉬워요
일요일에 도착할 거예요

하얀 새

허옇게 샤워기에서 뿜어져 나온 거미줄이 온몸을 칭칭 동여맨다 거미줄에 내 이름이 걸려 있다 거미가 일기장을 먹어치우고 있다 변기에 고개를 처박고 나는 꾸역꾸역 거미줄을 토해낸다 수면 위로 지나지 않은 날들이 허옇게 떠오른다 몸을 동그랗게 말고 나는 하얀 잠 속으로 들어간다

꿈속에서 누군가 내 방 창을 떼어내고 등을 단다 의자를 받쳐주며 별을 센다 별 하나가 깊이 떨어져 내린다 나는 냉장고에서 사과 한 알을 꺼내 등에 단다 사과가 끊임없이 떨어져 꿈을 넘나든다

사과 속으로 손을 넣으면 뼈가 만져진다 뼈에 박힌 작은 별들이 만져진다 사과에서 수없이 뻗어나간 길들이 보이고 길 끝마다 창이 매달려 있다 창으로 공룡들이 넘어들어 또 창을 내고 공룡들의 머리마다 새들이 하얀 하늘 가득 날아오른다

나는 몸을 더 동그랗게 만다

초승달

굽은 못 하나
희미하게
하늘에 떠 있다

누가 박다
버려놓았을까

차가운 하늘에
녹슬어 가는,

지상에 잘못 박힌
굽은 등짝의 사내 하나

그 위로

꽂히는

이유 없이

사과나무를 지나
복숭아나무 아래 도착했을 때
모과나무를 지나
탱자나무 아래 도착했을 때

방향 없이 손은 흔들린다
하염없이 손은 흔들고 있다

잇몸이 이빨들을 동시에 놓을 때
이빨들이 잇몸을 동시에 이탈할 때
그들 중 몇은 동쪽이나 북쪽에서
불쑥 솟아오르기도 한다

이빨을 삼킨 사과들이
이빨을 삼킨 모과들이
뒷산 언덕에 모여 있다

내일 손은 떠날 것이다

언덕을 내려올 것이다
손목 없는 손을
나무 위로 휘저을 것이다

탱자나무 가시가 박힌
복숭아를 입에 물고
서쪽에서 달이 이유 없이 떨어질 때

어디까지

나는 정지할 것인가
직진은 소통되지 않는다
강렬한 색깔들을 밀고 있다
색깔에 붙들린 벽들을 밀고 있다
다른 통증이 없는 너무 많은 기다림
구매 목록은 폐기 목록이어서
텅 빈 주먹이 무거운 석양
고집이 끝내 혼자 손을 든다면
오늘도 기어코 밤이 돌아오지 않는다면
어디까지 꿈을 계획할 것인가

놀이는 혼자 만들어진다
놀이는 혼자 놀지 않는다
나와는 다른 연습들이 있다
내가 모르는 삭제된 계획이 있다

낯선 호흡이 드나들고 있다
나의 직진은 무방비로 서 있다

여백의 여백을 어디까지 들여다보고 있다

강은 강을 기어코 이으려 한다
직진으로 뛰어들어 정체된 색깔들
밤이 끝내 꿈을 허락하지 않는다면
나는 어디까지 정지할 것인가
어디까지 한꺼번에 나를 자를 것인가

검은 하루

거리 가득
검은 바람이 모래를 뿌리고 지나간다
아물지 않은 상처들이 뱉어놓은 해
하늘에 질기게 매달려 있다
머리를 뚫고 나온
푸른 기억의 촉수들이
얼굴을 덮고 온몸을 동여맨다
움직일수록 살을 파고드는 쇠그물
돌멩이로 굳은 눈물주머니가
풍경처럼 빈 몸을 울린다
기억의 목을 긋는다
튕겨 나온 면도날에
내 목을,
쏟아낸 차가운 불덩이에
두 눈이 까맣게 탄다

병뚜껑을 닫는다

병뚜껑을 닫는다
질기게 달라붙는
기억들을 구겨 넣고
쏟아지는 말들을 줄줄이 엮어 넣고
구름 한 덩이 집어넣고
자전거 타고 가는 아이를 집어넣고
그녀를 집어넣고
그녀의 기침을 집어넣고
숟가락을 집어넣고
전화기를 집어넣고
무말랭이처럼 말라가는
시간의 몸뚱이를 토막 내 집어넣고
나는 병뚜껑을 닫는다
살아온 날을 집어넣고
살아갈 날들을 집어넣고
꾸역꾸역 밀고 올라오는
슬픔의 긴 목을 자르고

사진

모두 여기를 보세요
금방 끝나요
사진은 영원히 남지요
두 분은 서로 위치를 옮기죠
고개를 왼쪽으로 아니 약간만 아니

여기가 비었어요
빈자리는 금방 메꿔져요
시간이 없어요
더 붙어 서세요

서로 웃음을 가져가고
어색함을 우리는 주고받았다
가족이 다 그래요
자주 사진으로 가족을 확인하세요

시간이 없어요 펑,
축하해요

가족으로 증명되었습니다

사진 속 가족을 한 장씩 들고
우리는 황급히 헤어졌다

인사는
사진에서 해도 되니까
언제든 해도 되니까

유언

강은 몸을 던진다
강은 매일 떠오른다

강의 짙은 거친 숨결
강의 유언장을 누구도 건지지 않는다
자신이 쓰고 자신이 읽는 유언장

유언으로 범람하는 강
황급히 짐을 챙겨 떠나는 이들
자신의 유언을 남기기도 힘든 것이다

강에 몸을 던지는 건 무례다
자신의 유언을 쓰기에도
강은 벅차다

난간에 선 이들에게
자신의 유언을 읽어주는 강
난간에 한 발을 딛고

자신의 유언을 읽는 이들

강은 범람할 수밖에 없다

허기가 지면 토끼를 묻고 게으름의 배를 채우지*

토끼를 보면 절망하는 것이다
턱까지 차오른 숨을 뱉을 곳은 없다
폭발 직전의 심장에 불을 당기는가

무엇을 위해 달리나
누구를 위해 생사를 넘나드나
언덕 너머 언덕을 오르는가
언덕 너머 다시 울릴 종이라도 있는가

초원으로 사람들은 몰린다
토끼 심장이 언제 터질지 베팅한다
토끼의 속도는 점점 빨라진다
토끼의 기록이 경신될 때마다
몇몇은 병원으로 후송된다

하나같이 숨을 죽인다

토끼가 결정할 것이다

모든 건
결국은,

---

*인디언의 노래 중에서.

탱고

사과는 버렸다
빨간 입술을 지우고
신발은 벗었다

소음기는 제거됐다
멈추지 않고 질주하는 탱고

출발지의 기억에서
목적지는 숨 쉰다
다시 목적지는 입력된다
한 방향만 바라보는 발자국들

누구도 떠난 적이 없다
목적지와 출발지를
동일하게 연주하는 탱고

애초 그들은 배송되지 않았다
지겨운 탱고

제4부

바다

석쇠 위 고등어가
순간 통째 뒤집혔다

누군가의 짧은 젓가락이
바다를 헤집었다

주먹이 날아갔다

바다는 포장마차를 삼켰다

고등어는
뒤집어서는 안 되는 바다다

복숭아

복숭아는 설명되지 않는다
입을 다물고 따면 되는 것이다
입을 벌리고 먹으면 되는 것이다
왜 짜증을 내는가

복숭아는 사건과 무관하다
벌레가 폭발하는 경우는 종종 있다
자신의 몸에 누가 폭발물을 설치하겠는가

복숭아는 태초 출발부터 순탄치 못했다
배심원 회의는 끝을 모른다
복숭아를 놓고 고성이 오간다
복숭아를 던지며 날을 세운다

복숭아는 복숭아로 따고
복숭아는 복숭아로 먹으면 되는 것이다
왜 짜증을 내는가
재판대에 복숭아는 말이 없다

이해를 기대치 않았다
복숭아의 눈이 점점 붉어진다

누가 처음으로 복숭아를 베어 물 것인가

공황장애

나는 누군가 제쳐놓은 여분이다

심장이 심장을 건너뛰며 거칠어진다
누가 내 폐를 갉아먹고 있다
조각난 숨들을 어떻게 맞춰야 하는가
나는 나의 사용설명서를 잃어버렸다

허공을 찢으며 손톱이 부서져 내릴 때
살을 뚫고 핏줄이 튕겨 나올 때
나무들은 우두커니 서 있는 것이다
바위들은 멀뚱멀뚱 쳐다보는 것이다

서둘러 다음날을 불러야 한다
강이 떠나기 전에 다리를 건너야 한다
탁자에 뭉개지기 전에 무덤을 파야 한다

여분의 호흡이 바닥을 보인다
여분의 나무는 보이지 않는다

여분의 바위는 대답이 없다

여분의 나를 찾아
여분의 나를 이어야 한다

주머니

오래된 주머니에서
뭔가 만져졌을 때
소름이 전신을 돌았을 때
나는 떠나기로 결심한다

오래된 주머니를 뒤집는 건 위험하다
주머니를 과속하다
주머니에 폐차된 고양이들
허공 가득 떠도는 주머니들

주머니는 다른 주머니를 숨기고 있다
주머니는 주머니를 배신한다
늘 문이 잠겨 있는 주머니
약탈자들은 애초 추방됐다

주머니의 선반에 빼곡한 고양이
이미 떠난 새들을 키우는 주머니
소문으로 밀봉된 주머니

먼지로 떠도는 손들의 무덤
오래된

주머니에
손을 넣는 건 위험하다

마지막 달빛

싫다는 자두나무를 데려왔다
아주 커다란 자두를 기다린다
자두가 먹어치운 언덕을 기다린다

자두나무는 자두를 내놓지 않는다
나는 자두나무를 연습하지 않는다
나는 자두맛 주스를 싫어한다

구르는 공을 잡아야 할 이유는 없다
공처럼 완벽하게 튀어오를 이유는 없다
공과 자두를 착각해선 안 된다

개는 동물과 싸운다
마지막 달빛은 필사적이다
출구라고 쓰인 출구는 거짓이다
출구를 세고 있는 출구는 없다

출구는 표정이다

달빛은 표정이다
자두는 표정이다

공을 먹을 수 없다
표정은 초점이 없다
자두는 표정을 기다리는가

눈 덮인 자두나무 아래 서 있다
자두나무는 끌고 온 나를 봐주지 않는다

그리고

어느 쪽도 아닌 벽
방향을 잃은 목소리
멈춤을 모르는 달력

그리고
스스로 답하는 질문
천년을 채우지 못하고 구르는 돌들
망설임을 닫지 못하는 젓가락

그리고
너무 짧은 길을 걸었다
강물을 다 마셔버렸다
여전히 개는 무섭다
아직 자두를 먹지 못한다

후회는 곡선만 그린다
단무지는 결국 노랗다
나비를 잡으려다 나비가 된다

그리고

칫솔을 제대로 방치했다

벽

나와 상관없이
비가 내린다

자신의 일기장에
다시 나를 기입하려 하지만

나는
비에 관여하지 않는다

오래전에 떠난
오랜 비가 내린다

비의 선택이었고
비는 뒷모습을 보였다

비의 벽은
애초 그 자리에 견고하다

자신이 만든 벽을
자신이 무너뜨리는 건 불가능하다

비는 내리고 나는 내리지 않고
나는 내리고 비는 내리지 않는다

기억상실증

흉터는 일기를 쓰지 않는다
복수를 꿈꾼다는 건 소문일 뿐이다

흉터는 흉터를 돌보지 않는다
자신을 정면으로 보지 않는다
지독하게 지워지지 않는

간혹 그라운드를 벗어나지만
악몽은 악몽의 재생일 뿐이다

일상이 흉터를 질주한다
흉터를 가득 싣고 흉터들이 달린다
흉터가 친 공을 흉터가 받는다

흉터는 흉터를 연습하고
마침내 홈런으로 떠오르는 까만 점
온몸을 타오르는 점들

>

흉터는
자신을 지우는 작업에
완벽히 성공한다

끝내기 전에

너를 건지지 않는다

어제를 흔들어 내일을 떨군다
오늘을 흔들어 어제를 떨군다

내일은 바위임에 틀림없다
독수리가 파먹은 눈알의 커다란 음악
물음표는 물음표로 끝나서
오늘은 이미 자신을 핥았다

꽃이 피기 전 향을 구해야 한다면
어둠이 들기 전 구멍을 메꿔야 한다면
돌의 흐름을 끊고 머물러야 한다면

어제의 질문을 멈춰요
지나간 손을 흔들지 말아요
돌멩이의 끝을 읽지 말아요

누가 심장에 서명하는가
지루하게 강을 연장시키는가
풍경에 풍경을 새기는가

마침표는
끝내기 전에
소집 명령을 받는다

누군가

나무를 마구 지상에 던져 꽂는 것이다
돌들을 산으로 굴리는 것이다
새들을 하늘에 쉼 없이 뿌리는 것이다

어쩔 수 없이 강은 흐르는 것이다
어쩔 수 없이 꽃들은 피고 지는 것이다
어쩔 수 없이 우산은 펼치는 것이다
어쩔 수 없이 밤마다 춤추는 것이다

선풍기는 바람을 몰아가는 것이다
토끼는 거북이를 부추기는 것이다
자신을 마시고 컵들은 엎어지는 것이다

누군가도 누군가를 만난 적이 없는 것이다
언제든 너와 나는 만난 적이 없는 것이다

틈만 나면 그렇게 싸우는 것이다
두더지들이 약을 올리는 것이다

독사보다 더 독을 모으는 것이다
그렇게 누군가가 되어가는 것이다

세 개의 회의

세 가지를 남겼지

고양이 목소리에서 꽃을 삭제하기
왼쪽에서 오른쪽으로 뺨을 건너뛰기
뛰쳐나온 눈물을 눈물의 어깨에 얹기

세 개의 요일이 좋겠지

물고기들의 회의가 시작되는 날이 좋겠지
거울이 비명을 지르는 날이 좋겠지
발이 더러워져 돌아오는 날이 좋겠지

세 개의 암호를 설정했지요

염소 고집을 염소자리로 보내야겠지요
사과의 급커브를 허용해야겠지요
끝과 시작은 하나로 묶어야겠지요

추억의 무게를 감당하지 못하는 잎들
새로 태어날 잎도 마찬가지겠지요

다시
세 개가 회의가 있겠지요

사막

질문을 던진다
질문을 던졌다
질문으로 봉분을 쌓는 질문

밤처럼 귀를 닫지 말아요
같은 높이로 떠있어요
뻔뻔한 눈을 따라왔어요
뻔뻔한 목소리에 끌렸어요

숨을 버리고 들어봐요
출구는 입구가 꿈이에요
죽음의 그림자는 무겁지 않아요
그림자는 쫓기지 않고 쫓지도 않아요

먼지가 삼킨 목소리가 들린다
소리를 찾아 노래가 된다
노래는 사막을 연출한다

노래는 한없이 분다
드러난 뼈들은 끝없이 질문한다
질문은 언제까지 사막을 삼킨다

나는 봉분을 노래하고 봉분은 나를 노래한다
봉분은 나를 연주하고 나는 봉분을 연주한다

반복하자면

나는 소중하거나
소중해지는 것이다

이를테면
나는 변기에 앉거나
내 위에 변기가 앉는 것이다

술잔은 나를 들거나
나는 술잔을 익사시키는 것이다

그러니까
나는 쓰이거나
매일 지워지고 있는 것이다
솔방울을 줍거나
소나무에 목을 매는 것이다

문을 열거나 문을 닫는 것이다
펼쳐지거나 접히는 것이다

달리거나 멈춰 선 것이다
바위이거나 까마귀인 것이다

반복하자면
나비는 계속해 내려앉는 것이다
여름은 다시 여름을 꺼내는 것이다
옷장에서 나를 골라 입는 것이다
나를 옷장에 다시 거는 것이다

달의 노래

모퉁이를 도는 개를 내버려둔다
어디에 덫을 놓았는지 잊었다
덫을 밟으며 기억은 깨어날 것이다
발목이 잘린 채 나타날 것이다
개는 달의 음악을 맡는가
달을 노래하는 개
달의 목소리로 노래하는 개
코를 끌던 개는
여러 번 방향을 바꾼다
달은 개를 부르는가
개는 달리기 시작한다
달의 음계를 정확히 밟는다
나의 덫은 달을 노래하지 못한다
달의 노래를 듣지 못한다
덫을 다시 놓아야 한다
달의 노래를 듣기 위해
다시 개를 데려오기 위해

해설

비유의 비유

—김준연 시집, 『고양이를 입어야 한다』 읽기

오민석(문학평론가·단국대 교수)

I.

비유의 옷을 입지 않은 언어를 우리는 시라 부르지 않는다. 시는 다가갈 수 없는 것, 재현 불가능한 것의 주위를 맴돈다. 직설의 언어가 물자체(物自體)를 건드린다고 생각하는 것은 착각이다. 그것은 전유 되지 않는 대상을 전유했다고 생각하는 오인(誤認)의 언어이다. 대상은 규정되는 순간 다른 대상이 되며, 언어의 손아귀를 빠져나간다. 시는 대상을 직접 거론하지 않음으로써 대상으로 하여금 자신이 포착되고 있다는 의식을 갖지 못하도록 한다. 대상은 시에 의해 포위되는지도 모른 채 포위당한다. 시적 언어는 대상에 바짝 다가붙지 않고 원거리에서 포석을 둔다. 시적 언어는, 대상을 직접 건드릴 때 그것이 화들짝 놀라 순식간에 사라져버린다는 사실을 잘 아는 언어이다. 그리하여 시는 대상 주위를 조심스레 맴도는 행성들의 언어이다. 그것은 대상에 가까이 가는 순간 그것으로부터 멀어지며, 멀어지는 순간에도 그 대상을 잊지 않는다. 그러므로 대상은 시적 언어에 의해 끝내 포획되지 않으면서도, 시적 언어에 의해 자신의 아우라를 드러낸다. 그것은 고체가 아니라 유체(流體)처럼 수시로 모습을 바꾼다. 그것은 오로지 '흐름'(flux!)으로만 존재한다. '시적인 것'(the poetic)은 이렇게 해서 탄생된다. 시적 언어는 '재현'의 불가능을 아는 겸손의 언어이며, 그러나 '표현'을 포기하지 않는 극한의 언어이다.

김준연 시인은 제목에서 "고양이를 입어야 한다"고 주장한다. 그래 맞다. 존재는 비유의 옷을 입지 않고 '표현'되지 않는다. 사물이 원래 가지고 있는 이름을 그대로 부를 때, 사물은 표현되지 않는다. 사과는 사과이고, 고양이는 고양이일 뿐, 그것들은 갑각류의 두꺼운 잠에서 깨어나지 않는다. 사과에게 고양이를 입히거나 고양이에게 사과를 입힐 때, 사물은 슬슬 잠에서 깨어난다. 정체된 사물의 궤도를 다시 움직이게 만드는 것이 비유이고 은유이다. 시적 언어는 이렇게 "죽은 땅에서 라일락을 키워내고/추억과 욕망을 뒤섞고/잠든 뿌리를 봄비로 깨운다"(T, S. 엘리엇).

녹슨 못들 옷장에 걸려 있다 녹슨 못에 고양이가 걸려 있고 녹슨 못에 신호등이 걸려 있다 우산이 가위가 혓바닥 내민 화장지가 허옇게 걸려 있다 주전자가 걸려 있고 뒤엉킨 길이 폭포가 망치가 빼곡히 걸려 있다

나는 외출을 꿈꾼다

고양이를 입기로 한다 목소리가 차가워 고양이를 벗는다 내일을 입는다 일기예보는 어제 떠내려갔어요 내일을 팽개치고 망치를 입는다 땅이 계속 꺼져요 길을 입는다 나는 떠났나요 주전자를 우산을 그림자를…… 녹슨 못을 입는다 움직일 때마다 팔이 다리가 하나씩 떨어져 내린다 의자를 밥통을 옷장을……

나를 벗어 녹슨 못에 걸고 옷장 문을 닫는다

—「외출을 꿈꾼다」 전문

이 시는 김준연 시인의 시적 작업이 대체로 어떤 것인지 잘 요약하고 있다. 그는 사물에 다양한 이름들을 계속 입히고, 버리고, 다시 입히는 일을 한다. 하나의 비유로 잡히지 않는 사물에 무수히 다른 이름을 부여하는 것이 시인의 작업이다. 따라서 그에게 있어서 시는 '비유의 비유'이다. 그렇다면 그는

왜 이런 일을 하는가. 그것은 비유의 비유에 의해서도 대상의 통합된 전체, 조직화된 덩어리(게슈탈트 gestalt)가 잡히지 않기 때문이다. "움직일 때마다", 즉 비유의 다른 옷을 입을 때마다, 대상은 하나로 정렬되지 않고 분산된다. "팔이 다리가 하나씩 떨어져 내린다"는 문장은 게슈탈트화 되지 않고 끊임없이 해체되는 주체와 대상에 대한 정확한 '응시'이다. 이 시의 화자는 제목대로 "외출"을 꿈꾸나 무엇을 입어도 완성된 주체의 형성이 불가능함을 알고 포기한다. "나를 벗어 녹슨 못에 걸고 옷장 문을 닫"을 때, 외출은 정지된다. 그러나 시는 다른 외출을 꿈꾸며 끝없이 다시 옷을 입는 언어이다. 그것의 의미/유의미함은 시의 관심이 아니다. 그것은 시의 운명이며, 시의 존재의 법칙이다.

어쩔 수 없이 강은 흐르는 것이다
어쩔 수 없이 꽃들은 피고 지는 것이다
어쩔 수 없이 우산은 펼치는 것이다
어쩔 수 없이 밤마다 춤추는 것이다

선풍기는 바람을 몰아가는 것이다
토끼는 거북이를 부추기는 것이다
자신을 마시고 컵들은 엎어지는 것이다

누군가도 누군가를 만난 적이 없는 것이다
언제든 너와 나는 만난 적이 없는 것이다

틈만 나면 그렇게 싸우는 것이다
두더지들이 약을 올리는 것이다
독사보다 더 독을 모으는 것이다
그렇게 누군가가 되어가는 것이다

—「누군가」 부분

모든 사물들은 저마다의 '필연성'의 법칙이 있다. 강은 흐르고 꽃들은 피고 지지만, 우리는 그것의 이유를 물을 수 없다. 시는 사물의 주위를 돌며 "어쩔 수 없이" 시가 "되어가는 것이다". 별들에게 왜 그 궤도를 돌고 있느냐고 물을 수 없는 것처럼, 우리는 시에게 왜 사물의 주위를 돌며 사물의 옷을 갈아입히냐고 물을 수 없다.

김준연 시인은 시가 사물에게 직방으로 날리는 말이 아님을 누구보다 잘 알고 있다. 언어가 직구를 던지는 순간 사물은 오히려 언어에서 멀어진다. 언어의 포획력은 완전하지 않으며 사물에 가까이 갈수록 언어의 접착력은 점점 더 떨어진다. 사물과 친화하는 가장 좋은 방법은 그것의 주위를 행성처럼 맴돌며 계속 다른 옷을 입혀주는 것이다. 시적 언어는 자신의 몸이 사물의 몸에 가닿을 수 없음을 알면서도 그 사물을 떠나지 않고 그 주위를 계속 어른거리는 언어이다. 그것은 스스로의 결핍을 알지만 관계를 포기하지 않는 언어이며, 절망 속에서도 계속 손을 내미는 사랑의 언어이다.

II.

그리하여 김준연 시의 변별성은 일찌감치 비유의 궤도로 몸을 날리는 데서 생긴다. 그의 시가 난해해 보이는 것은 비유를 비유하기 때문이다. 그는 언어의 재현 불가능성을 뼈아프게 인정하고, 재현(representation)이 아닌 표현(expression)의 길을 간다. 재현이 모방의 언어라면, 표현은 전략의 언어이다. 표현은 모방이 불가능한 곳에서 시작된다. 표현은 결핍 투성이의 언어로 얼기설기 현실을 그려내는 악전고투의 언어이다.

백 년은 쉽게 지낼 거예요
귀에서 독을 빼내요
혀에서 독을 빼내요
혼자의 가슴에서 독을 빼내요

여기에 속하지 않아요
저기에 속하지 않아요

처음에 속하지 않아요
마지막에 속하지 않아요

백 년은 아주 쉬워요
일요일에 도착할 거예요

—「일요일」 부분

이 텍스트 자체에서 우리는 "독"이 무엇을 의미하는지 적시할 수 없다. 그것은 다만 듣고("귀"), 말하고("혀"), 느끼는("가슴") 것에 장애를 일으키는 모든 것들의 '상징'이다. 시 속의 화자는 그것을 "빼내요"라고 주문한다. 그다음에 할 일은 그 어디에도 "속하지" 않는 것이다. 사물과 시간과 맺는 이 자유로운 관계 혹은 유목민적 관계야말로 시적 언어의 규칙이다. 그것은 "여기에"도 "저기에"도, "처음에"도 "마지막에"도 속하지 않는 유동(遊動)의 언어이며, "도착할 거예요"라고 말하지만, 실제로는 도착을 거부하거나 영원히 지연시키는 부유(浮游)의 언어이다. 그것만이 물자체를 잊지 않고 기억하는 방법이며, 언어가 물자체를 노출시키고 드러내는 방법이다. 직설의 언어가 물자체를 죽일 때, 시적 언어는 물자체의 주위를 돌며 허공에 물자체의 홀로그램(hologram)을 그린다. 이것이 우리가 언어를 경유하여 볼 수 있는 물자체의 가장 화려한 그림자이다.

어떻게 밖으로 나가는지
어떻게 자신의 몸으로 들어가는지
어떻게 깨끗해지는지

나비를 불러야 한다

…(중략)…

너와는 다른 혼자가 있어
너와는 다른 지금이 있어
너와는 다른 멈춘 호흡이 있어

여유도 없이 나는 멀어진다
변명도 없이 나는 갇힌다

언제 만난 게 아니라면
어디서 헤어진 게 아니라면

나비를 불러야 한다

—「창」 부분

"나비"는 주체와 대상의 관계를 증명하는 존재이다. 그것은 창과 창 사이의 매개자이며, 이데아와 그림자 사이의 중개자이다. 본질과 현상은 서로 "만난 게 아니"거나 "헤어진 게 아니"다. 비유의 나비가 물자체의 주위를 돌 때, 그것들은 서로 만나지도 헤어지지도 못한다(일단 만나야 헤어지기도 하는 것 아닌가). 언어의 나비가 하는 일은 만나지도 헤어지지도 못하는 주체와 대상 사이를 중개하는 것이다. 나비가 사라질 때 주체는 자신의 세계에 갇히고, 세계로부터 "멀어진다". 따라서 "나비를 불러야 한다"는 화자의 주문(注文)은 절실해진다. 비유의 나비는 주체를 끌고 세계를 향하여 날아간다.

너는 기다렸다
오래

나는 기다렸다
오래

더 이상
피하지 않을 것이다

오늘

우리는

서로를

밟을 것이다

—「지뢰」 전문

"지뢰"는 주체와 대상이, 본질과 현상이 만나 파열을 일으키는 지점이다. "밟을 것이다"는 화자의 '의지'를 표현하는 문장이고, 실제로 언어가 물자체를 만나 파열을 일으킬 수는 없다. 언어는 실재에 오로지 점근선(漸近線)적으로 가까이 다가갈 뿐, 파열 직전에 실재의 밑에서 계속 미끄러진다. 이런 점에서 시인은 불가능한 것을 향해 비유의 문장을 던지는 자이다. 비유는 끝내 밟을 수 없는 지뢰를 끝없이 기다리며 지뢰의 주위를 맴돈다.

의자는 기억을 파괴한다
견고한 역사는 의자의 시간을 살아내지 못한다
물렁해지고 흩어지고 증발한다

등 굽은 시각을 증오하라
믿음은 믿음을 견고하게 거부한다
시간을 배열하는 순간 모든 날들은 무너진다

—「의자에 살해당하지 않기 위해」 부분

그러나 기다림도, 시간의 연대기적 축적("배열")도 의미의 안정성("의자")을 확보할 수 없다. "모든 견고한 것들은 대기 속에 녹아내린다."(K. 마르크스) 비유는 "물렁해지고 흩어지고 증발"하는 세계를, 그 물렁물렁하고 흩어지고 증발한 상태로 포착하는 언어이다. 비유는 스스로 견고해지기를 거부함으로써 세계를 자유롭게 놓아준다. 비유가 의미의 조직적 "배열"을 포기할 때, 세계는 비로소 의미와 함께 '논다'. 비유가 세계를 "배열하는 순간", 세계는 비유의 망을 벗어나 사라진다. 김준연의 시들은 세계를 의미론적으로 고정시키는 것을 거부하면서 비유의 행성들로 세계와 '어울리려는' 시도들이다. 어울림은 공존이고 동행이다. 김준연의 언어와 세계는 서로 구속하지 않으면서 서로 유사한 궤도를 항진한다.

III.

그러므로 결국 김준연의 비유는 세계 속으로 침투하고 스며드는 기호(sign)들이다. 김준연의 기호(sign)들은 언어체계에서 빠져나와 언어 바깥의 세계와 섞이기를 원한다. 기호와 세계는 끝내 불일치하지만 그것들이 서로 잘 구분되지 않을 정도로 섞이는 순간, 길이 섬광처럼 보인다. 두 세계의 섞임은, 두 세계가 서로의 궤도에서 일탈하여 서로에게 다가가는 순간, 불꽃처럼 일어난다. 그것은 순간의 합일이며 연이어 발생활 해체를 내포하고 있다.

길에 서서 기다린다
어둠이 어둠에 잠겼을 때
길과 내가 구분되지 않을 때
길들은 여기저기 나를 보여준다

나는 사방에서 합류하고 있다

—「검은 길」 부분

비유의 비유는 주체와 세계가 "합류"하는 방식이다. 위 시에서 "길"은 무엇인가? 위 시에서 "어둠"은 무엇이고, "나"는 누구인가? 김준연의 기호들은 거의 무한대의 의미소들로 구성되어 있다. 원관념(tenor)이 지워지고 보조관념(vehicle)만 남은 기호들은 비유의 비유의 비유여서 거의 무한대의 기의(記意)를 갖는다. 그리하여 김준연 시인은 "길과 내가 구분되지 않을 때", 즉 서로 다른 궤도들이 "어둠" 속에서 섞일 때, "여기저기" "나를 보여"주는 짧은 순간을 포획한다. 섞임이 없이 '차이'도 없다. "사방에서 합류하는" "나"는 얼마나 다양한 '차이'들의 집합인가.

질문을 던진다

질문을 던졌다
질문으로 봉분을 쌓는 질문

…(중략)…

노래는 한없이 분다
드러난 뼈들은 끝없이 질문한다
질문은 언제까지 사막을 삼킨다

나는 봉분을 노래하고 봉분은 나를 노래한다
봉분은 나를 연주하고 나는 봉분을 연주한다

—「사막」 부분

김준연의 사물들은 끝없는 움직임 속에 존재한다. 그것들은 던지고, 쌓고, 불고, 질문하고, 삼키고, 노래하고, 연주한다. 이 모든 '동작'들은 두 세계가 서로에게 '치고 들어가는' 모습의 표현들이다. 언어가 세계로, 세계가 언어로 밀고 들어갈 때, 의미의 "사막"은 죽는다. 김준연은 사막에게 끝없이 말을 겲("끝없이 질문")으로써 사막을 비(非)사막으로 만든다. 그리하여 주체와 세계가 서로를 노래하고 연주할 때, 그것들은 "한없"는 '움직임' 속에 살아난다.

첫째 날, 서랍을 그리고 서랍 속에 꽃씨를 뿌렸다 정오
가 지나자 향기가 방 안 가득했다
둘째 날, 나무를 그리고 가지마다 새를 매달았다 노래를
들으러 하나 둘 찾아오던 바람이 오후에는 가
지를 모두 부러뜨려 놓았다
셋째 날, 고양이를 그리고 방울을 달지 않았다 쥐들이
처참하게 죽어 나갔다
넷째 날, 밥그릇을 그리고 숟가락을 그리지 않았다 식구
들이 종일 나만 쳐다보고 있었다
다섯째 날, 풍선을 들고 있는 아이를 그렸더니 뉴스가
종일 실종 사건만 읊었다
여섯째 날, 캄캄해서 검정색만 처바르고 있었다
일곱째 날, 쌍권총의 서부 사나이를 그렸다가 밤새도록
쫓아와 한숨도 못 잤다
여덟째 날, 거울을 그렸더니 거울 속 남자가 자꾸 술을
먹자고 귀찮게 해 지워버렸다
아홉째 날, 여덟 장의 그림을 앞에 놓고 울고 있는 나를
그렸다

—「아홉 장의 그림을 그렸다」 전문

이 시의 화자는 마치 신이 세계를 창조하듯 "아홉 장"의 세계를 그려낸다. "아홉"은 완성 직전의 숫자이며, 위기와 불안

의 숫자이다. 시는 실재에 가장 가까이에 가서 무너지는 언어이다. 시는 그 자체 현실이 아니며, 다른 현실을 '그리는' 작업이다. 그것은 현실의 모방이 아니라 '표현'이기 때문에 우리는 그것을 '창조적' 작업이라 일컫는다. 그 창조적 작업은 일차적으로는 비유의 형태로, 이차적으로는 비유의 비유의 형식으로 존재한다. 시인이 「시인의 말」에서 "아홉 장의 새들이 날아올랐다"고 했을 때, 그 "아홉 장"은 정확히 이 시의 "아홉 장"과 연결된다. 시인은 완전수(完全數)에 결코 도달할 수 없는 언어의 한계를 직시하되, 그것을 실재의 바로 밑까지, 비유의 비유로 몰고 간다. 완성 직전의 아홉수(數)는 비유의 마지막 봉분 위에서 떠돈다.

이 도서의 국립중앙도서관 출판시도서목록(CIP)은 서지정보유통지원시스템 홈페이지(http://seoji.nl.go.kr)와 국가자료공동목록시스템(http://www.nl.go.kr/kolisnet)에서 이용하실 수 있습니다.(CIP제어번호: CIP2020002975)

시인동네 시인선 121

고양이를 입어야 한다

초판 1쇄 인쇄 2020년 2월 1일
초판 1쇄 발행 2020년 2월 8일
지은이 김준연
펴낸이 고영
책임편집 서윤후
디자인 헤이존
펴낸곳 문학의전당
출판등록 제2017-000002호
주소 서울시 마포구 마포대로 11길 91, 3층
전화 02-852-1977 팩스 02-852-1978
전자우편 sbpoem@naver.com

ISBN 979-11-5896-452-8 03810